COUPLE'S

BUCKET
LIST

100+ WITZIGE CHALLENGES DIE EURE
BEZIEHUNG FRISCH HALTEN

Bibliografische Information der Deutschen Nationalbibliothek: Die Deutsche Nationalbibliothek verzeichnet diese Publikation in der Deutschen Nationalbibliografie; detaillierte bibliografische Daten sind im Internet über dnb.dnb.de abrufbar.

Herstellung und Verlag: BoD – Books on Demand, Norderstedt

ISBN: 9783754322598

UNSERE
BUCKET

EUER FOTO - SAY CHEESE!

LIST

LIEBE PAARE!

Genug vom ewigen Netflix-and-Chill? Ihr sucht neue Abenteuer, witzige Herausforderungen, einen Frischekick für Eure Beziehung oder habt einfach mal wieder Lust auf etwas Abwechslung und Spass? Dann wird Euch dieses Buch bestimmt nicht enttäuschen.

Wir haben über 100 lustige Challenges zusammengetragen die Euren Alltag aufpeppen und frischen Wind in Eure Beziehung bringen. Vom Couples-Yoga, über einen Gleitschirmkurs bis hin zum 4-Gänge Menü - Mit diesem Buch wird es Euch bestimmt nicht langweilig. Einzige Regel: Alles wird ausprobiert!

Hoch vom Sofa und rein ins Leben!

Maria & Fabian

1. DAS 1. DATE WIEDERHOLEN

Ganz genau! Setzt Euch zusammen und versucht Euch an jedes Detail Eures ersten Treffens zu erinnern. Ihr habt in einem bestimmten Café ein Eis geholt? Seid über den Steg am See spaziert? Wart mitten in der Stadt Schlittschuh fahren? Lasst den Moment wiederaufleben und bereitet Euch genauso darauf vor wie damals.

Dann kann's los gehen! Versucht Euer Date möglichst 1:1 zu rekonstruieren. Viel Spass!

DATUM:
WETTER:
SO WAR'S:

2. SICH IN EINER BAR TREFFEN

Wer kennts nicht: Der attraktive Hauptdarsteller zwinkert der heissen Lady an der Bar zu. Sie lächelt zurück und die Nacht nimmt ihren Lauf. Das könnt Ihr schon lange. Macht Euch schick - getrennt voneinander (!) - und verabredet Euch in einer Bar. Jemand geht voraus, der andere kommt nach. Der Moment in dem sich Eure Blicke treffen, wenn einer von Euch beiden die Bar betritt ist nicht zu übertreffen!

Ihr wollt das Level steigern? Dann lasst Euch vom anderen erobern. Spielt mit den Blicken bis einer von Euch den Schritt zum anderen wagt - wie beim ersten Date; nur ohne Druck und viel mehr Spass!

DATUM:
WETTER:
SO WAR'S:

3. GEMEINSAMES DO-IT-YOURSELF PROJEKT

Einem Artikel von Elizabeth Bernstein im Wall Street Journal zufolge sind Paare, die gemeinsame Hobbys haben und Zeit mit gemeinsamen Aktivitäten verbringen, glücklicher als Paare, die das nicht tun. Bei Aktivitäten wie Basteln oder Handwerken werden im Gehirn chemische Stoffe freigesetzt, die das Gehirn glücklich machen, ähnlich wie beim Verliebtsein. Als zusätzlichen Bonus schafft ihr Erinnerungen, stärkt Eure Teamfähigkeit und haltet Eure Beziehung interessant. Sucht Euch im Internet ein spannendes DIY Projekt und los geht die Bastelei!

DATUM:
WETTER:
SO WAR'S:

4. PICKNICKEN GEHEN

Was gibt es Schöneres, als mit dem Partner draussen in der Natur zu sitzen, die Sonne auf der Haut zu spüren und dabei eine Auswahl an leckeren Snacks und Getränken zu geniessen?
Ein Picknick ist in der Regel nicht nur preiswerter als ein Essen in einem Restaurant, sondern auch intimer und persönlicher als andere Verabredungen. Ganz gleich, ob Ihr Euch erst seit ein paar Wochen kennt oder schon lange zusammen seid, ein Picknick ist eine tolle Gelegenheit, sich zu entspannen und die Gesellschaft des anderen zu geniessen.

DATUM:
WETTER:
SO WAR'S:

5. EINE NEUE STADT ERKUNDEN

"Ich wollte schon immer mal nach ..." gehört heute der Geschichte an. Packt Euren Rucksack, sucht Euch eine Zugverbindung raus und auf gehts! Gebt Euch wie echte Touristen; fotografiert, staunt und esst Euch durch die Stadt bis Euch die Füsse weh tun. Ein Abstecher in die Altstadt, ein supermodernes Museum und den höchsten Punkt der Stadt inklusive.

DATUM:
WETTER:
SO WAR'S:

6. FREEZE DANCE CHALLENGE

Let's Dance Baby! Ihr braucht etwas Auflockerung? Dann kommt Euch diese Challenge ganz gelegen. Startet Eure Lieblingsplaylist und tanzt drauflos. Immer abwechselnd stoppt Ihr nun die Musik - und erstarrt. Sobald die Musik wieder an geht, gehts weiter.

Tipp: Holt Euch ein anderes Pärchen dazu - zu viert machts gleich doppelt Spass!

DATUM:
WETTER:
SO WAR'S:

7. DER BODEN IST LAVA

Wenn Ihr Euren Schatz noch nie vorher herausgefordert habt, dann ist jetzt der Zeitpunkt dafür gekommen. Jeder kennt das Spiel - Der Boden ist Lava! Lasst Eure Erinnerungen an Eure Kindheit wiederaufleben und macht Euch bereit für eine spannende und lange Runde "Der Boden ist Lava". Ruft über den Tag hinweg immer mal wieder den berüchtigten Satz. Dann gilt es, sich so schnell wie möglich in Sicherheit zu bringen. Ihr wollt ja nicht im Lava untergehen! Wer schneller ist gewinnt. Viel Spass!

Kleiner Tipp: Macht nicht nur in der Wohnung Spass, sondern vor allem auch draussen.

DATUM:
WETTER:
SO WAR'S:

8. EIN VIER GÄNGE MENÜ KOCHEN

Richtig gelesen! Gemeinsam zu kochen kann unglaublich viel Spass machen. Mit guter Musik, genügend Zeit und guter Vorbereitung wird aus einem notwendigen Übel ein geniales Date! Setzt Euch in einem ersten Schritt zusammen und sammelt Menüideen. Gibt es etwas das Ihr schon immer mal kochen wolltet aber nie Zeit dafür gefunden habt? Ihr habt in einer Zeitschrift ein leckeres Rezept gesehen, das Ihr ausprobieren wolltet? Oder wollt Ihr Euer Standardgericht vom Chinesen rekreieren? Bestens! Lasst Euch gegebenenfalls auch von der Vielfalt des Netzes inspirieren, aber setzt Euch ein Zeitlimit - man kann sich bei der Ideensuche ganz schön verlieren.
Schritt 2: Einkaufen! Schreibt Euch eine sinnvolle Einkaufsliste, angepasst an Euren Stammsupermarkt und besorgt die Lebensmittel. Nun kann's endlich losgehen. Teilt die Aufgaben auf und plant die einzelnen Zubereitungsschritte - so steht dem Kochabenteuer nichts mehr im Weg. Das beste am Ganzen? Es gibt am Ende was leckeres zu essen! Gutes Gelingen - und Guten Appetit!

DATUM:
WETTER:
SO WAR'S:

9. STARING CONTEST

Der Starr-Contest ist wohl die kürzeste Challenge in diesem Buch - aber unterschätzt sie nicht!

Starrt Euch gegenseitig fünf Minuten lang an. Nicht Blinzeln! Derjenige, der zuerst blinzelt, hat verloren und muss eine Strafe zahlen die Ihr vorher gemeinsam festlegt.

Vergesst nicht die Challenge fotografisch festzuhalten! - Viel Erfolg!

DATUM:
WETTER:
SO WAR'S:

10. EINEN LIEBESBRIEF SCHREIBEN

Keine Angst, Ihr braucht keine Schriftsteller zu sein um einen Liebesbrief zu schreiben. Im Gegenteil, es gibt nichts Schöneres als die ehrlichen und liebevollen Worte in einem selbstgeschriebenen Brief. Egal ob Valentinstag, Geburtstag oder wie in diesem Fall einfach so - ein Liebesbrief ist ein wunderschönes Symbol Eurer Liebe die Ihr Euch nicht oft genug zeigen könnt.
Manchmal ist es ganz schön schwer die richtigen Worte zu finden, deshalb hier ein paar Fragen, an denen Ihr Euch orientieren könnt.

- Was liebst Du an Deinem Partner am meisten?
- Wie macht Er/ Sie Dich glücklich?
- An welche gemeinsamen Erlebnisse denkst Du am liebsten zurück?
- Welche gemeinsamen Rituale willst Du im Alltag nicht missen?
- Wann wurde Dir bewusst, dass Du Sie/ Ihn liebst?
- Wie malst Du Dir Eure gemeinsame Zukunft aus?

Das wichtigste ist aber, dass Ihr Euch genügend Zeit dafür nehmt und Euch keinen Druck macht einen perfekten Brief zu schreiben. Macht gemeinsam einen Zeitpunkt aus, an dem Ihr Euch Eure Liebesbriefe geben möchtet - oder lest sie Euch gegenseitig vor.

DATUM:
WETTER:
SO WAR'S:

11. DER PERFEKTE KUSCHELTAG

Die Zeit zu zweit ist im Alltag meist rar und die romantischen Pärchenstunden bleiben oft auf der Strecke. Macht Euch heute deshalb einen gemeinsamen Kuscheltag. Schenkt Euch gegenseitig Aufmerksamkeit, Zuwendung und Liebe und sorgt für knisternde Momente.

Lasst Euch am Morgen vom Vogelgezwitscher wecken, esst Frühstück im Bett und schaut Eure Liebsten TV Klassiker. Zwischendurch wird gekuschelt, geknutscht und Zärtlichkeiten ausgetauscht; bis der Oxytocintank wieder voll aufgeladen ist.

DATUM:
WETTER:
SO WAR'S:

12. EIN GEMEINSAMES SCHAUMBAD NEHMEN

Sucht Euch aus der Vielfalt an Schaumbädern, Badezusätzen und Badesalzen das Bestaussehendste aus, füllt die Champagnergläser, holt Eure Musikboxen und zündet ein Meer an Kerzen im Badezimmer an. Wasserhahn auf und rein ins Bad! Romantik pur!

DATUM:
WETTER:
SO WAR'S:

13. FINISH THE LYRIC

Ihr habt Hemmungen voreinander? Bald nicht mehr. Startet Eure Lieblingsplaylist mit den Songs, die Ihr gut kennt. Los geht's! Singt mit als wärt Ihr die Stars auf der Bühne. Abwechselnd stoppt Ihr nun zu einem zufälligen Zeitpunkt die Musik - und singt weiter! Wer kennt den Text besser?

DATUM:
WETTER:
SO WAR'S:

14. SEX DATE

Der Titel sagt es schon. Ihr trefft Euch. Zum Sex. Klingt unromantisch? Ganz im Gegenteil! Wenn am Morgen des besagten Tages die Kalendermitteilung aufpoppt wird der ganze Tag anders - versprochen. Einer der besten Aspekte bei der Planung von Sex ist nämlich die Vorbereitung - eine ganz eigene Form des Vorspiels!

Sex zu planen mag in Eurer Beziehung vielleicht nicht nötig sein, probiert es dennoch aus. Setzt Euch gemeinsam mit Euren Kalendern hin und legt Eure Sextermine fest. Die Planung von Sex ist eine wunderbare Möglichkeit, Intimität und Zufriedenheit aufrechtzuerhalten besonders dann, wenn die innige Zweisamkeit im Alltag zu kurz kommt. Ausserdem bietet das Festlegen der Termine eine tolle Gelegenheit sich über das eigene Sexleben auszutauschen, Wünsche und Bedürfnisse zu äussern und sich besser kennenzulernen.

DATUM:
WETTER:
SO WAR'S:

15. EINEN ROADTRIP MACHEN

Gemeinsam herumzureisen steht bei vielen Paaren weit oben auf der Lieblingsaktivitäten-Liste. Ein Wochenend-Roadtrip ist eine super Gelegenheit Eure Reisefieberschübe etwas zu stillen. Ob das nun bedeutet, einfach ins Auto zu steigen und loszufahren, ohne ein vorher festgelegtes Ziel zu haben, oder das Wochenende ins Detail zu planen. Das tolle an Roadtrips ist es, immer und überall anhalten und neues entdecken zu können, wo und wann Ihr wollt. So habt Ihr die volle Kontrolle über Eure Reiseroute und könnt in kleinen Städtchen und süssen Dörfern anhalten, die Ihr sonst nie entdeckt hättet. Roadtrips sind nicht nur eine tolle und aufregende Art zu reisen, sondern stärken Eure Beziehung. Wann sonst, hat man so viel ungestörte Zeit miteinander? Damit alles glatt läuft, lohnt es sich einige Vorkehrungen zu treffen: Wo werden wir schlafen? Was werden wir essen? Was werden wir tun? Informiert Euch vorher über spannende Podcasts und Hörspiele oder spielt ein paar Roadtrip Games!

DATUM:
WETTER:
SO WAR'S:

16. KOMPLIMENTE, KOMPLIMENTE, KOMPLIMENTE

Nichts wärmt das Herz und die Seele mehr als ein ehrliches Kompliment. Wenn wir frisch verliebt sind, sind wir in der Regel sehr grosszügig im Verteilen von Komplimenten an unseren Partner. Mit der Zeit lässt dieses Bedürfnis allerdings nach, was schade ist, denn Komplimente können ganz schön viel bewirken! Mit einem Kompliment zeigt Ihr dem Anderen, was Ihr an Ihm mögt, bereitet dem Anderen eine Freude, stärkt dessen Selbstwertgefühl und letztlich Eure Liebe. Grund genug sich für eine Woche mal täglich mehrere Komplimente zu machen! Sei es persönlich, am Telefon über eine nette Nachricht. Seid kreativ! .

DATUM:
WETTER:
SO WAR'S:

17. IN DER ÖFFENTLICHKEIT WILD HERUMKNUTSCHEN

Zeigt Eure Liebe der ganzen Welt und bringt alle Singles zum Erröten. Sucht Euch einen herrlich exponierten Platz im Park, der Mall oder am Bahnhof und knutscht wild drauf los. Noch Fragen?

DATUM:
WETTER:
SO WAR'S:

18. GEMEINSAM IN ERINNERUNGEN SCHWELGEN

Erinnerungstäuschungen hin oder her! Jetzt werden die Fotoalben hervorgeholt! Geht zurück zu Euren Anfängen und erzählt Euch von Euren gemeinsamen Erlebnissen. Versucht Euch an jedes Detail zu erinnern - erzählt Euch, wie Ihr Euch gefühlt habt, welche Gedanken Euch begleiteten haben und welche Erwartungen Ihr mit Euch getragen habt. Überraschungen garantiert!

DATUM:
WETTER:
SO WAR'S:

19. EINEN SPIELEABEND VERANSTALTEN

Man hasst sie oder liebt sie: Gesellschaftsspiele. Heute spielt das aber keine Rolle. Sucht die besten Klassiker hervor (allenfalls Freunde und Verwandte fragen) und battelt Euch in einer Runde Schach, Scrabble, Monopoly, Rommée oder "Mensch ärgere dich nicht". Ihr seid absolute Spielefanatiker? Dann veranstaltet doch gleich einen Pärchen- oder Freunde-Spieleabend!

DATUM:
WETTER:
SO WAR'S:

20. DEN SONNENUNTERGANG GENIESSEN

Wie romantisch! Oh ja, das ist es! Informiert Euch über den höchsten Punkt in Eurer Umgebung - Sei das ein Hügel, eine Aussichtsplattform oder ein Hochhaus - und checkt in der Wetter App wann die Sonne untergehen wird. Drum herum könnt Ihr nun individuell planen. Soll's gleich noch ein Picknick geben, eine Stadtrundfahrt oder lieber einen Spaziergang? Dabei seid ihr frei - vorausgesetzt Ihr verpasst den Sonnenuntergang nicht!

DATUM:
WETTER:
SO WAR'S:

21. EINEN RELAX- UND SPA- DAY EINPLANEN

Heute wird relaxed! Aber nicht irgendwo - sondern zu Hause. Dazu braucht Ihr Massageöl, Haar- und Gesichtsmasken, Kerzen, Badesalz, Feuchtigkeitspflegeprodukte und andere Wellnessprodukte. Lasst Euch von der Vielfalt unserer Drogerieläden inspirieren!

Zu Hause angekommen schmeisst Ihr Euch in Euren kuscheligsten Bademantel, lässt die Badewanne einlaufen und startet Eure Relax-Playlist. Kerzen für die romantische Stimmung nicht vergessen!

DATUM:
WETTER:
SO WAR'S:

22. STRIP ME BABY!

Yes! Heute zieht Ihr Euch nicht selber aus, sondern überlässt das Eurem Partner (Hilfestellungen erlaubt!). Sobald die Schlafzimmertüren zu sind und das Licht gedimmt ist, darf's los gehen. Ob sinnlich und mit viel Zärtlichkeit oder stürmisch und leidenschaftlich - das ist ganz Euch und der Situation überlassen.

DATUM:
WETTER:
SO WAR'S:

23. SUNDAY WALKS AND COFFEE TALKS

Ein Klassiker! Und das nicht umsonst! Durch die Altstadt schlendern, im Café Menschen beobachten und sich den leckeren Kaffee und Kuchen schmecken lassen - wer geniesst das nicht zwischendurch?

Ist Euch zu langweilig? Sorgt für etwas Abwechslung und nehmt Euch einen Nachmittag unter der Woche frei um gemeinsam durch die Stadt zu spazieren und Leute zu beobachten. Ausserdem eine super Gelegenheit das neue Café um die Ecke auszuprobieren!

DATUM:
WETTER:
SO WAR'S:

24. EINKAUFSBUMMEL IN DER STADT

Durch den Online-Shopping Boom haben wir teilweise schon völlig verlernt, wie echtes Shopping eigentlich funktioniert. Eine kurze Erklärung: Zieht Euch hübsche aber praktische und bequeme Kleidung an, die Ihr schnell aus- und anziehen könnt, macht Euch auf in die Stadt und direkt in die Einkaufsmeile (die Mall ist auch okay). Rein ins Getümmel! Gekauft wird, was gefällt! Setzt Euch ein Preis- und ein Zeitlimit und vergesst nicht Euren Energiespeicher hin und wieder aufzutanken, nicht dass aus Shoppinglust Shoppingfrust wird!

DATUM:
WETTER:
SO WAR'S:

25. LET'S DANCE

Lichter aus, Partymood on! Sucht Euch eine tolle Partyplaylist aus und tanzt was das Zeug hält! Ziel ist es, sich selbst und alle Hemmungen fallen zu lassen. Es geht nicht darum, wer am schönsten oder besten tanzt, sondern einzig darum, dass Ihr Spass habt! Wenn das bedeutet, ein paar Drinks zu mixen - go for it!

DATUM:
WETTER:
SO WAR'S:

26. KEINE KOMPROMISSE

Ihr macht einen Vorschlag etwas zu unternehmen, aber der andere findet die Idee doof? Dann ist das Eure Gelegenheit. Was wolltet Ihr schon immer mit dem anderen unternehmen? Ein bestimmtes Museum besuchen? Minigolf spielen? Eine Radtour machen? Einen Spieleabend veranstalten? Perfekt! Heute kann der andere nämlich nicht nein sagen. Einzige Bedingung: Beide machen beides - und zwar ohne Genörgel und Einwände!

DATUM:
WETTER:
SO WAR'S:

27. ZUSAMMEN ETWAS EXOTISCHES KOCHEN

Türkisch, Thailändisch, Italienisch oder Griechisch ist das exotischste an das Ihr Euch bisher kulinarisch herangewagt habt? Heute sollt Ihr die Küche eines anderen Landes kennenlernen. Wie wäre es mit Marokkanisch, Vietnamesisch, Peruanisch, Madagassisch oder Mongolisch? Sucht Euch im Internet ein interessantes Rezept und organisiert die entsprechenden Lebensmittel. Internationale Supermärkte können da eine wahre Schatzkammer sein. Mit ein paar YouTube Videos gelingt auch die Zubereitung ohne grössere Probleme. Viel Spass und Guten Appetit!

DATUM:
WETTER:
SO WAR'S:

28. GEMEINSAM SPORT MACHEN!

Runter vom Sofa, rein ins Sportoutfit! Ob Home-Workout, Joggen, Wandern oder Skifahren - Gemeinsames Training macht Euch nicht nur als Individuen stärker, sondern kann auch Eure Paarbindung stärken. Ausserdem könnt Ihr Euch danach mit einer gemeinsamen Dusche abkühlen (und eine zweite Runde anhängen?).

DATUM:
WETTER:
SO WAR'S:

29. EINEN GLEITSCHIRM SCHNUPPERKURS BUCHEN – UND MACHEN!

Gemeinsame Herausforderungen stärken die Beziehung - besonders dann, wenn Ihr aus Eurer Komfortzone heraus- müsst. Deshalb ist diese Challenge wie für Euch gemacht! Aber keine Sorge; Schnupperkurse sind in der Regel top anfängerfreundlich! Und total lustig! Nach ein paar Stunden hinaufwandern und runterhüpfen seid Ihr dann bestimmt ausgepowert. Ein guter Lieferservice ist da Gold wert.

DATUM:
WETTER:
SO WAR'S:

30. EIN BESUCH IM ZOO

Kinderkram? Überhaupt nicht! Durch Erwachsenenaugen schaut der Zoo und seine Bewohner nämlich vollkommen anders aus! Jetzt habt Ihr die Gelegenheit auch mal die Informationstafeln zu lesen und Euch weiterzubilden - oder auch nicht. Egal mit welchen Absichten Ihr den Zoo besucht: Viel Spass dabei!

DATUM:
WETTER:
SO WAR'S:

31. MENSCHEN IM EINKAUFSZENTRUM BEOBACHTEN

Menschen zu beobachten ist ein weit verbreiteter Zeit-vertreib und für uns als soziale Wesen etwas völlig Instinktives. Wir Menschen sind dazu gemacht einander zu beobachten und auf Grundlage deren Verhaltens auf Ihre Intentionen, Ziele und Bedürfnisse zu schliessen. Daraus kann man eine super Challenge machen. Sucht einen hochfrequentierten Ort auf, wie zum Beispiel ein Einkaufszentrum, einen grossen Bahnhof, den Flughafen oder andere öffentliche Plätze; überall dort, wo Menschen zusammenkommen, um den wesentlichen Dingen des Lebens nachzugehen. Schärft Euren Blick und beobachtet – stellt nun Hypothesen zu Beruf, Zivilstatus, Wohnort oder politischer Meinung der beobachteten Person auf. Mal sehen, mit welchen Thesen Ihr so aufkommt!

DATUM:
WETTER:
SO WAR'S:

32. DAS HOBBY DES ANDEREN AUSPROBIEREN

So individuell wir alle sind, so individuell sind teilweise auch unsere Interessen. Lasst Euch heute mal auf das Hobby Eures Partners ein, zeigt Interesse und Motivation, egal ob beim Golf, Malen, Lesen, Schwimmen oder Töpfern. Das Hobby des anderen zu kennen und selbst erlebt zu haben schafft nicht nur Verständnis und Wertschätzung, sondern stärkt Eure Beziehung und lässt Euch noch näher zusammenwachsen.

DATUM:
WETTER:
SO WAR'S:

33. SIGHTSEEINGTOUR IN DER HEIMATSTADT

Wer kennt das nicht: Man lebt seit Jahren in der gleichen Stadt, kennt aber nur die Orte, die man täglich nutzt. Stattdessen weiss man wo es in Lissabon die besten Pastéis de Nata gibt, war schon dreimal auf dem Eiffelturm in Paris und weiss, wo man in Rom den besten Ausblick hat. Das wollen wir heute ändern. Bucht eine Sightseeingtour in Eurer Heimatstadt und lasst Euch alle Ecken der Stadt zeigen. Bei Euch gibt es keine geführten Sightseeingtouren? Kein Problem, spielt selbst den Guide! Recherchiert jeder zu drei sehenswürdigen Orten in Eurer Stadt oder in Eurem Dorf und führt Euren Partner dorthin - Touri-Informationen inklusive! Viel Spass!

DATUM:
WETTER:
SO WAR'S:

34. IDEEN FÜR WEIHNACHTS- UND GEBURTS-TAGSGESCHENKE SAMMELN

Weihnachten steht kurz bevor, der Geburtstag schon fast vorbei - und kein Geschenk weit und breit. Wir schenken doch alle gerne; und trotz guter Vorsätze wirds am Ende doch das Paar Kuschelsocken oder die Duftkerze. Setzt Euch heute gemeinsam an den Tisch und überlegt für jede Person, die Ihr dieses Jahr beschenken wollt ein passendes Geschenk. Klingt öde? Lasst Euch überraschen! Gemeinsam mit Geschenkideen aufkommen kann echt witzig sein und Ihr übt Euch gleichzeitig im kreativen Denken! - Netter Nebeneffekt: kein Stress mehr bei der hektischen Geburtstagsgeschenksuche drei Stunden vor der Party!

DATUM:
WETTER:
SO WAR'S:

35. COUPLE'S RETREAT

Man gönnt sich doch sonst nichts! Sucht Euch ein luxuriöses Hotel in der Nähe und bucht eine Nacht - mit Candle Light Dinner versteht sich. Vielleicht könnt Ihr gleich noch den Spa-Bereich nutzen?

DATUM:
WETTER:
SO WAR'S:

36. ZUSAMMEN IN DEN WALD GEHEN

Frische Luft, Ruhe und Erholung - perfekt zum Auftanken!
Ein Waldspaziergang wirkt sich positiv auf den Körper aus
und stärkt das Immunsystem. Zudem gibt es im Wald immer
etwas zu entdecken und zu erleben - zu jeder Jahreszeit! Und
zu zweit macht der Waldspaziergang gleich doppelt Spass.
Also rein ins Laufwerk und auf in den Wald!

DATUM:
WETTER:
SO WAR'S:

37. DEN NÄCHSTEN GEMEINSAMEN URLAUB PLANEN

"Planung beginnt damit, dass man überlegt was man will!" - Ekkehard Kappler

Und das solltet Ihr beide wissen, bevor's auf die nächste Reise geht. Wo wollen wir hin? Wie kommen wir von A nach B? Welche Orte wollen wir zusammen entdecken? Wo werden wir schlafen? All das erfordert Kommunikationsfähigkeit, Empathie und Kompromissbereitschaft und stärkt gleichzeitig Eure Beziehung. Und sind wir ehrlich, alleine das Planen vom nächsten Urlaub, weckt Vorfreude. Haben beide dieselben Vorstellungen vom Urlaub, steht einer unvergesslichen Zeit in der Fremde nichts mehr im Weg. Gemeinsame Erfahrungen, Erinnerungen und Hobbys schweissen zusammen – und zusammen zu reisen, kann definitiv als gemeinsames Hobby gezählt werden! Das muss übrigens nicht der teure Urlaub auf den Bahamas sein, denn auch in Europa warten wunderschöne, romantische und actionreiche Orte auf Euch!

DATUM:
WETTER:
SO WAR'S:

38. KLINGELSTREICH SPIELEN

"Dafür sind wir zu alt!" Gibts nicht! Macht Euch einen Spass und wählt beim nächsten Sonntagsspaziergang die Route durchs Wohnquartier. Hat man einmal den Mut gefasst, steht dem Streich nichts mehr im Weg. Kleiner Tipp: Gutes Schuhwerk anziehen, davonrennen ist Pflicht!

DATUM:
WETTER:
SO WAR'S:

39. AUF DER AUTOBAHNBRÜCKE DEN FAHRERN ZUWINKEN

Stellt Euch auf eine Autobahnbrücke, auf der Euch die Autobahnfahrer gut sehen können. Beginnt nun in grossen Bewegungen zu winken. Ihr werdet sehen, bald werden Euch die PW und LKW-Fahrer zurückgrüssen - sei es mit Lichthupen, Winken oder Signalhupe.

DATUM:
WETTER:
SO WAR'S:

40. EINEN NACHTSPAZIERGANG MACHEN

Spätabends oder frühmorgens sieht die Welt einfach anders aus. Zieht Euch warm an und verlässt das Haus dann, wenn alle schlafen - alle? Ihr werdet staunen, was in der Nacht in einer Stadt alles so passiert. Aber auch auf dem Land ist der Nachtspaziergang etwas ganz Besonderes. Mit einer Picknickdecke im Gepäck könnt Ihr Sterne beobachten und Sternschnuppen zählen. Wer eine sieht, darf sich was wünschen.

DATUM:
WETTER:
SO WAR'S:

41. EINE PARTY ZU ZWEIT VERANSTALTEN

Heute habt Ihr den ganzen Club für Euch alleine. Sorgt für das richtige Partyfeeling indem Ihr Euch Nebelmaschine und Discolichter beschafft (kann man mieten, oder bei Freunden ausleihen), die richtigen Snacks organisiert und die coolste Playlist zusammenstellt. Ein heisses Partyoutfit und ein Getränk in der Hand und schon seid Ihr mittendrin im Partygeschehen! Endlich hemmungslos tanzen, wild herumjohlen und gleichzeitig noch Geld sparen. Was will man mehr?

DATUM:
WETTER:
SO WAR'S:

42. PARTNER-YOGA MACHEN

Verleiht Eurer Beziehung neuen Schwung, mit einer Runde Partneryoga! Diese Form der aus Indien stammenden philosophischen Lehre fördert den respektvollen Umgang miteinander sowie das gegenseitige Vertrauen und bringt nebenher noch eine ganze Menge Spass. Toller Nebeneffekt: Partneryoga wirkt sich positiv auf die Gesundheit aus - auch dann, wenn Ihr völlig versagt, die Lachmuskeln werden nämlich garantiert beansprucht!

Im Internet findet Ihr eine Unmenge an Videos und Instruktionen zum How-To. Einfach inspirieren lassen!

DATUM:
WETTER:
SO WAR'S:

43. DEN PARTNER BEI DER ARBEIT ABHOLEN

Was gibt es schöneres, als nach einem langen Arbeitstag aus dem Büro zu marschieren und dort seinen Herzallerliebsten zu erblicken? Egal ob Überraschung oder geplante Abmachung, das Gefühl von Liebe und Verbundenheit kann in dem Moment wohl kaum getoppt werden. Nehmt Euch diese Woche vor, Euren Partner einmal von der Arbeit abzuholen. Allenfalls erfordert das etwas Organisation und Absprache mit Arbeitskollegen oder dem Chef - aber das ist es wert!

DATUM:
WETTER:
SO WAR'S:

44. AUF DEM BALKON ODER IM GARTEN ZELTEN

Das Zelt liegt schon seit drei Jahren verstaubt auf dem Dachboden? Her damit! Heute wird gezeltet. Das muss auch gar nicht weit weg sein - Wie wär's mit dem Balkon oder dem Garten? Schlafsäcke, Taschenlampe und Picknick organisieren und schon kann's los gehen. Ihr seid nicht im Besitz von einer ganzen Campingausrüstung? Fragt im Familien- und Freundeskreis herum, Ihr werdet bestimmt nicht enttäuscht werden.

DATUM:
WETTER:
SO WAR'S:

45. EINE NEUE SPRACHE LERNEN

Ihr wolltet schon immer gemeinsam nach Südamerika? Wunderbar! Dann habt Ihr jetzt einen neuen Ansporn Spanisch zu lernen. Holt Euch eine Sprachenlernapp, lernt mit YouTube Videos oder ganz klassisch mit dem bewährten Schulbuch. Jede Woche wird mindestens eine Stunde miteinander geübt - motiviert Euch gegenseitig und stellt Euch eine Belohnung in Aussicht. ¡A los libros!

DATUM:
WETTER:
SO WAR'S:

46. EINEN WORKSHOP BESUCHEN

Diese Aufgabe erfordert etwas Vorarbeit. Sucht Euch einen Workshop in Eurer Nähe aus, den Ihr schon lange einmal besuchen wolltet und meldet Euch an; Sei das ein Kochkurs, ein Salsa-Tanzkurs oder ein Töpferabend. Bedingung: Ihr besucht den Kurs gemeinsam!

Ihr könnt Euch nicht entscheiden oder findet keinen Kompromiss? Dann führt kein Weg darum herum, beide Kurse zu besuchen.

DATUM:
WETTER:
SO WAR'S:

47. AUF DEN SPIELPLATZ GEHEN

Kinder sind in vielerlei Hinsicht zu beneiden. Die Liste der beneidenswerten Dinge führt aber ganz klar das Austoben auf dem Spielplatz an. Warum eigentlich? Das können wir doch auch! Lasst den Sonntagsspaziergang ausfallen und sucht Euch einen tollen Spielplatz in der Nähe aus. Auf geht's! Rutschbahn, Kletterturm, Schaukel - Was es alles zu entdecken gibt! Lasst Euer inneres Kind raus und geniesst die Unbeschwertheit (Idealerweise zu Randzeiten). Auch eine Runde Fangen mit Eurem Partner kann enorm wohltuend sein!

Euch gefällt die Idee, den ganzen Tag zu spielen, basteln, abends am Lagerfeuer Lieder zu singen und einfach mal allen Sorgen zu entkommen? Es gibt immer mehr Organisationen die Ferienlager für Erwachsene anbieten! Ideal wenn man eine Auszeit vom Alltagstrubel und ständigen Stress braucht - und auch als Paar eine super Sache!

DATUM:
WETTER:
SO WAR'S:

48. DAS TRAUMAUTO MIETEN

Mietet Euch Euer Traumauto und fahrt an einen Ort, den Ihr schon immer mal sehen wolltet. Ihr habt unterschiedliche Vorstellungen Eures perfekten Autos? Dann bleibt nur eines übrig: Ihr mietet zwei Autos! (An unterschiedlichen Tagen versteht sich).

Kamera für Nostalgiemomente nicht vergessen!

DATUM:
WETTER:
SO WAR'S:

49. IM SOMMERREGEN TANZEN

Nach einem heissen Tag gibt es nichts schöneres als warmen Sommerregen - Überlasst die Regie Eurem inneren Kind und geniesst den Regen in vollen Zügen. Ob alleine oder mit dem Partner - tanzt mit dem Regen! Ihr werdet sehen, die Bewegung wirkt sich positiv auf Eure Stimmung aus und zaubert Euch für den Rest des Tages ein Lächeln ins Gesicht.

DATUM:
WETTER:
SO WAR'S:

50. EINE FAHRRADTOUR UNTERNEHMEN

Durch die Stadt, ins Grüne, durch die Wälder oder auf den Hügel - packt Eure Fahrräder, Sonnenbrille, Fahrradhelm und ein gutes Picknick und auf geht's! Den Wind im Gesicht zu spüren, die Geschwindigkeit und das Freiheitsgefühl wird Euch bestimmt gut gefallen!

DATUM:
WETTER:
SO WAR'S:

51. EINE UNENDLICHE GESCHICHTE ERZÄHLEN

Schlechtes Wetter und null Motivation das Haus zu verlassen? Dann kommt Euch diese Challenge wie gerufen! Macht Es Euch mit einer Tasse Tee gemütlich, denn heute werden Geschichten erzählt. *Eine* Geschichte um genau zu sein. Die Idee ist simpel. Einer von Euch beginnt mit Eurer fiktiven Geschichte. Nach ein paar Sätzen übernimmt der andere; und so spinnt Ihr die Geschichte nun weiter und weiter. Dieses Spiel fördert nicht nur Eure Kreativität, sondern ist auch wunderbar dazu geeignet, Euren Partner (und vielleicht auch Euch selbst) von einer neuen Seite kennen zu lernen.

DATUM:
WETTER:
SO WAR'S:

52. INS ALL-YOU-CAN-EAT RESTAURANT GEHEN

Sie schiessen wie Pilze aus dem Boden - All-you-can-eat Restaurants. Sucht Euch eines aus das Euch beliebt und reserviert Euch einen Tisch. Ihr könnt zudem eigene Challenges einbauen, z.B. jedes Gericht zu probieren. Einzige Voraussetzung: Viel Hunger mitbringen!

DATUM:
WETTER:
SO WAR'S:

53. EINEN TAG IM SCHWEDISCHEN MÖBELHAUS VERBRINGEN

Der Möbelgigant IKEA ist nicht völlig umsonst so gigantisch geworden. Plant einen Ausflug ins besagte Möbelhaus und lasst Euch inspirieren! Wo kann man sonst Probewohnen, fremde Betten austesten und die billigsten Hot Dogs essen? Der Ausflug macht Lust aufs eigene gemeinsame Liebesnest? Wunderbar! Eine super Gelegenheit um zu testen, ob Ihr auch denselben Geschmack in Sachen Möbel und Einrichtung habt.

DATUM:
WETTER:
SO WAR'S:

54. IM FOTOAUTOMATEN FOTOS SCHIESSEN

Der Klassiker unter den Datevorschlägen! Sucht Euch einen Fotoautomaten und lichtet Euch in lustigen Perspektiven ab. Nehmt dazu ein paar Gegenstände mit, mit welchen Ihr Euch in Szene setzen könnt.

DATUM:
WETTER:
SO WAR'S:

55. EINEN FLOHMARKT BESUCHEN

Sucht zusammen den nächstgelegenen Flohmarkt auf und klappert alle Stände ab. Sucht Euch die lustigsten Gegenstände raus und versucht diese zu verhandeln. Wer am besten verhandelt gewinnt!

DATUM:
WETTER:
SO WAR'S:

56. EIN PUZZLE MACHEN

Es ist wissenschaftlich belegt, das Puzzeln Seele und Geist guttut. Es dient dem Stressabbau, fördert Gedächtnis und Aufmerksamkeit und befriedigt unseren inneren Zusammensetztrieb. Organisiert Euch ein möglichst grosses Puzzle – es soll ja eine Challenge sein – und lauscht nebenbei einem spannenden Podcast.

DATUM:
WETTER:
SO WAR'S:

57. WASSER MARSCH!

Die Sonne scheint und die Temperaturen steigen langsam über 30°C? Dann wappnet Euch mit Wasserballons und Wasserpistolen und zieht in den Badehosen-Kampf! Die Schlacht kann beginnen! Wer am Ende noch trocken ist, hat sich nicht richtig ins Zeug gelegt.

DATUM:
WETTER:
SO WAR'S:

58. SICH ÜBER SEXFANTASIEN AUSTAUSCHEN - UND AUSPROBIEREN

Egal was Ihr jetzt denkt, Sexfantasien sind super! Wir haben die einzigartige Fähigkeit zu fantasieren und damit Szenarien zu erschaffen und zu durchleben, ohne dass wir ihre Konsequenzen fürchten müssen. Fantasien und das Durchspielen von Situationen sind nicht nur für die Bewältigung bevorstehender Herausforderungen hilfreich, sondern können bestenfalls auch unsere Sehnsüchte und Wünsche befriedigen. Deshalb: Lasst Eure Sexfantasien zu! Sie können nicht nur Eure Lust steigern, sondern auch Blockaden lösen und zu Neuem inspirieren. Ihr habt Hemmungen? Dann holt Euch die App "UnderCover"! Dabei werden Euch 99 sexuelle Fantasien vorgeschlagen. Am Ende werden Euch die Sexfantasien gezeigt, die Ihr beide mit "Ja, finde ich gut" markiert habt. Viel Spass!

DATUM:
WETTER:
SO WAR'S:

59. EINE TORTE BACKEN

Backe, backe Kuchen
Der Bäcker hat gerufen
Wer will guten Kuchen backen

Ihr natürlich!

Heute wird gebacken; und zwar nicht irgendein einfacher Kuchen, sondern eine richtige Torte! Sucht Euch ein aufregendes Rezept heraus, sammelt im Supermarkt die Lebensmittel zusammen und los geht die Küchenschlacht! Mit guter Musik, dem richtigen Equipment und viel guter Laune macht ein solcher Backnachmittag total viel Spass! Die Abkühlpausen könnt Ihr wunderbar für andere schöne Sachen nutzen...

DATUM:
WETTER:
SO WAR'S:

60. WANDERN GEHEN

„Die Landschaft erobert man mit den Schuhsohlen, nicht mit den Autoreifen." - Georges Duhamel

Da müssen wir Duhamel recht geben. Packt' Eure Rucksäcke, schnürt die Wanderschuhe und auf geht's in die raue Wildnis. Naja, übertreiben müssen wir es ja nicht gleich. Sucht Euch eine tolle Tour raus, ganz nach Eurem Geschmack - egal ob Tageswanderung, Wochenendtrip oder Nachmittagshike wichtig ist, dass Ihr gemeinsam etwas in der Natur erlebt. Und weil wir tiefgründige Zitate so gerne mögen: "Wandern entfernt uns von unseren Zwängen und bringt uns dem Wesentlichen näher" - Michael Sänger.

DATUM:
WETTER:
SO WAR'S:

61. BODY PAINTING

Dreht schon mal die Heizung runter, denn gleich wirds heiss! Ooooder... vielleicht lieber umgekehrt, ihr werdet nämlich gleich die Hüllen fallen lassen. Bevor es so weit ist, solltet Ihr Euch ein paar Utensilien besorgen: Körperfarben, Pinsel und Abdeckmaterial (die Farbe soll auf Euch landen, nicht auf dem teuren Parkett). Macht Euch währenddessen ein paar Gedanken darüber, in was für ein Kunstwerk Ihr Euren Partner verwandeln wollt - und dann kann's auch schon losgehen! Lasst Eurer Kreativität freien Lauf! Nicht vergessen - fotografisch festhalten!

DATUM:
WETTER:
SO WAR'S:

62. EIN FOTOSHOOTING VERANSTALTEN

Schöne Momente spontan festzuhalten ist etwas Wunderbares. Aber warum nicht mal inszenieren? Heute habt Ihr die Gelegenheit Eure innere Heidi Klum auszuleben.

Jedes professionelle Fotoshooting beginnt mit einer Ideensuche - was für Fotos wollt Ihr schiessen? Coole City-Pics vor der Graffitiwand oder lieber romantische Wind-in-den-Haaren Schüsse? Entscheidet Euch für ein Thema und sucht dann entsprechend Eure Outfits zusammen. Das richtige Styling ist ein absolutes Must! Und schon kann's losgehen. Nach ein paar Probeschüssen werdet ihr schnell merken, wie Ihr mutiger und entschlossener werdet - dann macht's erst richtig Spass! Das tolle daran? Ihr könnt bald Eure Erinnerungen an einen unvergesslichen Tag in den Händen halten (und hier einkleben!).

DATUM:
WETTER:
SO WAR'S:

63. ZUSAMMEN AUF SCHATZSUCHE GEHEN

Schnitzeljagd war gestern. Moderne Schatzsucher gehen mit GPS auch Trophäenjagd! Der Geocaching Trend lässt die Welt nicht mehr los - eine super Gelegenheit Euch als Paar auf die Suche nach ein paar Goldschätzen zu machen. Die Idee ist denkbar einfach: Ein Geocacher versteckt einen "Cache", also ein Versteck, und teilt dessen Koordinaten auf der Website www.geocaching.com. Ausgerüstet mit Euren Handys macht Ihr Euch nun auf die Suche nach dem geheimen Ort. Klingt easy? Naja, in der Realität siehts dann doch etwas anders aus. Die meisten GPS-Geräte und Smartphones sind nämlich nicht ganz so genau; heisst: Augen auf! Das Signal kann eine Ungenauigkeit von einigen Metern aufweisen. Viel Spass!

Kleine Aufwärmübung - wo sind wir hier? N 27° 59.283 E 086° 55.517

DATUM:
WETTER:
SO WAR'S:

64. DIE INITIALEN IN EINEN BAUM RITZEN

Seufz… Wie romantisch. Folgt der Tradition und macht Euer Liebesglück für alle sichtbar. Ein Baum als Lebensspender und Zeichen ewiger Beständigkeit ist wie geschaffen für ein Versprechen an die Zukunft. Sucht Euch ein nettes Bäumchen aus, verseht es mit Euren Initialen und ritzt das Symbol der Liebe ein. Ritzt dabei aber bitte nicht zu tief. Grundsätzlich schadet Ihr einem Baum damit nicht längerfristig, insbesondere wenn er bereits gross ist; beschränkt Euch dennoch auf ein kleines Motiv und wie gesagt - nicht zu tief! Sonst siehts nicht so rosig aus für Eure Liebe…

DATUM:
WETTER:
SO WAR'S:

65. EINEN KOSTÜMVERLEIH BESUCHEN UND WITZIGE SACHEN ANPROBIEREN

Klingt nach ultra-mega viel Spass? Ist es auch! Macht Euch auf in den nächsten Kostümverleih und taucht ein in die Welt der Maskerade. Gruseliger Grizzly Bär, flotte Stewardess oder doch lieber der heisse Kranführer? Lebt Euch aus und haltet Eure besten Outfits fotografisch fest! Eine Erinnerung für die Ewigkeit.

DATUM:
WETTER:
SO WAR'S:

66. SICH GEGENSEITIG PORTRAITIEREN

Michelangelos, Picassos und Van Goghs aufgepasst! Jetzt wird gezeichnet! Und zwar nicht irgendetwas, sondern Euer Partner! Holt Papier und Stift hervor und setzt Euch gegenüber voneinander hin. Zwischen Euch ein Schreibtisch. Einfacher geht's wenn jeweils eine Person Modell sitzt, die andere zeichnet und Ihr dann Rollen tauscht. Es geht aber gar nicht so sehr darum, Euch gegenseitig perfekt zu portraitieren, sondern vielmehr darum, Euch mit dem anderen auseinanderzusetzen und herauszufinden, was Euch gegenseitig am anderen äusserlich besonders auffällt und gefällt! Eine Ergänzung zur Übung wäre, dass Ihr die Charaktereigenschaften der anderen Person zeichnet. Was mögt Ihr besonders an Eurem Partner? Was zeichnet Ihn aus? Wie zeigt Ihr der Welt ohne Worte, in was für eine Person Ihr Euch verliebt habt?

DATUM:
WETTER:
SO WAR'S:

67. EIN MUSEUM BESUCHEN

Das Wetter macht nicht mit, wie Ihr das gerne hättet? Dann ab ins Museum! Das muss nicht irgendein verstaubtes Kunstmuseum sein. Heutzutage findet man in allen Städten aufregende, interaktive Museen die Lust auf mehr machen! Wie wäre es mit einem Ausflug in die Schokoladenfabrik? Ins Mercedes-Benz Museum oder das Klimahaus? Verbindet den kulturellen Ausflug doch gleich noch mit einem leckeren Lunchdate und gemütlichem Kaffee und Kuchen in der Museumslobby. Viel Spass beim Weiterbilden und Geniessen!

DATUM:
WETTER:
SO WAR'S:

68. EINEN SONG ZUSAMMEN SCHREIBEN

Ihr müsst weder Drossel noch Nachtigall sein, bei dieser Challenge ist einzig Eure Kreativität und Euer divergentes Denken gefragt. Stift, Papier und etwas Ausdauer - mehr braucht ihr dafür nicht. Dann kann's losgehen mit dem Brainstorming. Wovon soll Euer Song handeln? Liebeslied, Hymne, Kinderlied oder doch lieber ein Karnevalslied? Ihr seid völlig frei; einzige Bedingung: Euer Lied hat mindestens zwei Strophen und einen Refrain. Und wer weiss, vielleicht entdeckt Ihr unbekannte Talente in Eurem Partner?

DATUM:
WETTER:
SO WAR'S:

69. SUSHI SELBER MACHEN

Takout-Couple, Restaurant-Paar oder Chefköche? Egal welcher Kategorie Ihr angehört, heute wird gekocht! Wobei kochen etwas übertrieben ist. Es gibt nämlich Sushi! Dafür lohnt es sich, sich zuerst ein paar Gedanken darüber zu machen, welche Art von Sushi Ihr überhaupt mögt und machen wollt. Von Anfänger bis Itamae gibts nämlich alles. Schreibt Euch eine Einkaufsliste und besorgt alle Lebensmittel. Kleiner Tipp: Ein Besuch im Asia Laden kann sehr inspirierend sein!

Dann kann's auch schon los gehen! Wenn man den Dreh einmal draussen hat, ist es gar nicht mehr schwer und macht zu zweit unheimlich viel Spass! Bonus: Sushi ist verhältnismässig gesund und auch super vegetarisch zuzubereiten!

Wenn Ihr keine Freunde der Sushiküche seid, dann versucht's doch mit Reispapierrollen mit Erdnusssauce oder Frühlingsrollen! Mmmh...

DATUM:
WETTER:
SO WAR'S:

70. DIE WOHNUNG UMDEKORIEREN

Das ist Eure Chance all Eure Homedecor, DIY und Interiordesign-Pinterest-Posts umzusetzen! Setzt Euch zusammen und einigt Euch auf ein paar Veränderungen in der Wohnung mit der Ihr beide happy seid. Vom Willkommenheissen einer neuen Zimmerpflanze, über die Neuorganisation der Fotowand bis hin zur Totalrevision Eurer Wohnung - Ihr bestimmt den Umfang Eurer Wohnungsumgestaltung. Einzige Bedingung: Veränderung!

DATUM:
WETTER:
SO WAR'S:

71. DEN NACHTHIMMEL BEOBACHTEN

Schnappt Euch Eure Luftmatratze, ein paar Kissen und eine kuschlige Decke und macht es Euch im Garten oder im nahgelegenen Park gemütlich. Nach dem Eindunkeln geht's im Weltall nämlich richtig ab! Vollständig dunkel ist der Himmel aber frühestens 1,5 Stunden nach Sonnen- untergang. Idealerweise ist auch der Mond bereits unter- gegangen; das helle Mondlicht überstrahlt nämlich schwächere Sterne und die Milchstrasse. Es lohnt sich also, wenn Ihr Euch vorher über die Mondphasen informiert. Übrigens: es gibt in Deutschland, der Schweiz und Österreich ausgewiesene Sternbeobachtungsplätze! Wenn Euch unser Weltall, seine Sterne und Satelliten gepackt haben, dann überlegt Euch doch ein Wochenende dort zu verbringen - im Zelt übernachten inklusive!

DATUM:
WETTER:
SO WAR'S:

72. EINE ÜBERRASCHUNG FÜR DEN ANDEREN PLANEN

Gibt es etwas schöneres, als dem Partner eine Freude machen zu können, sein Strahlen zu sehen und ihn dann ganz lange im Arm zu halten? Unserer Meinung nach gehört das mindestens in die Top-3 der Pärchen-Freuden. Nehmt Euch also jeder etwas Zeit und plant eine Überraschung für Euren Partner. Eine super Gelegenheit Euch mit den Hobbys, Interessen und Vorlieben Eures Lieblingsmenschen auseinanderzusetzen und Euch in Kreativität zu üben. Sprecht Euch allenfalls vorher über den Umfang der Überraschung ab, nicht dass das Ganze letztlich in Enttäuschung oder Gewissensbissen endet. Auch wichtig: Es geht nicht darum, wer die beste Überraschung plant, sondern einzig und alleine darum, dass Ihr Euch gegenseitig eine Freude macht.

DATUM:
WETTER:
SO WAR'S:

73. ÜBER POTENZIELLE KINDERNAMEN SPRECHEN

Mia, Alea, Timon, Kaya, Max, ... Egal ob das Thema noch in weiter Ferne liegt oder schon längst durch ist. Kindernamen zu diskutieren macht immer Spass - auch wenn Ihr keine Kinder möchtet. Ein Babynamengenerator kann Eure Suche auf witzige Art ergänzen; bitte nicht zu ernst nehmen!

DATUM:
WETTER:
SO WAR'S:

74. SICH GEGENSEITIG NEU EINKLEIDEN

Des einen Freud, des anderen Leid - Shopping ist angesagt! Heute shoppt Ihr aber nicht in Eurer Abteilung, sondern der Eures Partners. Ganz genau! Stellt ein Outfit für Euren Partner zusammen - ganz nach Eurem Geschmack! Der andere probiert, ohne Widerrede! Hilfreicher Tipp: Sprecht Euch vorher bezüglich des Budgets und der Anzahl Kleidungsstücke ab.

DATUM:
WETTER:
SO WAR'S:

75. FREUNDE ZUM DINNER EINLADEN

Jetzt seid Ihr die Gastgeber! Beginnt mit einer sorgfältigen Planung der Gäste, wählt zwei bis drei Termine und versendet den glücklichen Auserwählten Eure Dinner-Einladung. Im nächsten Schritt wird das Menü geplant. Wählt Gerichte, die Ihr bereits gut kennt und Euch gelingen, damit erspart Ihr Euch unnötigen Stress in der Küche. Überlegt Euch ausserdem, wie viel Ihr während des Abends in der Küche stehen wollt, entsprechend eignet sich das ein oder andere Gericht besser als das andere. Allgemein gilt: eine gute Planung ist die halbe Miete. Bereitet alles frühzeitig vor, organisiert Getränke und Snacks, dekoriert den Tisch und stellt die Teller warm - so steht einem erfolgreichen, lustigen und leckeren Abend nichts im Weg.

DATUM:
WETTER:
SO WAR'S:

76. NACKT SCHWIMMEN GEHEN

Eins sein mit der Natur - das geht am besten nackt. Wie Euch der Herrgott erschaffen hat - oder so ähnlich. Sucht Euch ein lauschiges Plätzchen am Wasser und springt gemeinsam ins kühle Nass. Ihr werdet Staunen wie erfrischend anders Nacktbaden ist! Grundsätzlich gilt: Nacktbaden ist nur an ausgewiesenen FKK-Stränden erlaubt. Wenn Ihr kein solches Schild seht, dann stellt zumindest sicher, dass Ihr niemanden belästigt und keine Kinder in der Nähe sind.

DATUM:
WETTER:
SO WAR'S:

77. EINKAUFSBUMMEL IM SEX SHOP

Shopping der etwas anderen Art! Heute stattet Ihr dem nächsten Sex Shop einen Besuch ab. Egal ob Stammkunden oder Sex-Shop Newbies, lasst Euch von der wilden Auswahl inspirieren, zu einzelnen Produkten beraten und gönnt Euch das eine oder andere Toy. Viel Spass beim Schmökern und Ausprobieren!

DATUM:
WETTER:
SO WAR'S:

78. SICH EHRENAMTLICH ENGAGIEREN

Sich sozial und ehrenamtlich zu engagieren, macht glücklich! Das belegen mittlerweile unzählige Studien zur Zufriedenheitsforschung. Sich sozial zu engagieren nützt also nicht nur den Personen oder Tieren denen Ihr helft, sondern auch Euch - Ihr schafft einen gesellschaftlichen Mehrwert und tut gleichzeitig Eurer Zufriedenheit etwas Gutes. Engagieren könnt Ihr Euch beispielsweise im Hospiz Dienst oder der Seniorenpflege, in der Unterstützung von Flüchtlingen, dem Tierheim, einer lokalen Lebensmitteltafel oder mit Geld- oder Sachspenden.

DATUM:
WETTER:
SO WAR'S:

79. KLEIDERTAUSCH

Schaut man sich auf den Strassen um wird schnell klar, dass man heutzutage eigentlich alles tragen kann. Sofern es mit dem nötigen Selbstbewusstsein präsentiert wird, sieht jeder Look cool aus. Dieses Selbstbewusstsein wird heute gefragt sein. Ihr werdet nämlich in die Garderobe Eures Partners schlüpfen. Stellt Euch ein Outfit aus dessen Kleidern zusammen (erlaubt sind nur die eigenen Schuhe) und rockt Euren neuen Look! Fotos nicht vergessen!

DATUM:
WETTER:
SO WAR'S:

80. FALLSCHIRMSPRINGEN

Es gibt einen Grund, warum die "Bachelor"-Kandidaten zu solch extravaganten Dates eingeladen werden. Die Hoffnung ist, dass durch die gemeinsamen Erfahrungen auf ausser-gewöhnlichen Dates schnell eine Bindung zwischen dem Paar aufgebaut wird. Von Ziplining über Bungee-Jumping bis hin zum Reiten werden die Paare in Reality-TV-Shows ermutigt, sich im Namen der Romantik ihren Ängsten zu stellen - ein immer wiederkehrendes Thema, das dazu dient, durch Verletzlichkeit eine Verbindung herzustellen. Hinter dem Deckmantel der TV-Produktion verbirgt sich eine universelle Wahrheit: Gemeinsam etwas Aufregendes und Neues zu erleben bringt Menschen zusammen und hält Beziehungen frisch, glücklich und erfüllt. Deshalb: Ob Fallschirmsprung, Bungee-Jumping, oder Hochseilgarten - Überwindet Eure Ängste und stärkt Eure Beziehung.

DATUM:
WETTER:
SO WAR'S:

81. DIE WOHNUNG AUSMISTEN

Lässt Eure innere Marie Kondo raus und mistet aus, was das Zeug hält! Euch nervt das ewige Herumgekrame nach dem benötigten Gegenstand in der Kommode im Gang? Na dann los! Alles einmal rausnehmen und dann Gegenstand für Gegenstand durcharbeiten. Was wird noch gebraucht, was gehört in den Mülleimer? Einigt Euch auf eine sinnvolle Ordnungsstruktur und organisiert allenfalls noch ein paar Kisten und Behälter um losen Gegenständen einen Platz zu geben. Das Beste daran? Ausmisten kann richtig gut tun - Ihr schafft nicht nur äusserlich Ordnung, sondern auch innere Ausgeglichenheit.

DATUM:
WETTER:
SO WAR'S:

82. GEMEINSAM ETWAS PFLANZEN

Unser Alltag ist manchmal ganz schön grau und langweilig. Mit ein paar netten Blumen und süssen Setzlingen können wir die Welt gleich ein bisschen farbiger machen. Sucht Euch in der Gärtnerei ein Pflänzchen aus und gebt ihm ein neues zu Hause – und natürlich einen passenden Namen. Es ist unglaublich befriedigend einem solchen Lebewesen beim Wachsen und Gedeihen zuzusehen!

DATUM:
WETTER:
SO WAR'S:

83. IN DER NATUR GRILLEN

Essen müssen wir sowieso. Warum also nicht draussen im Wald etwas auf den Rost schmeissen? Packt Euren Picknickkorb mit allerlei Leckereien, sucht Euch eine tolle Feuerstelle raus und auf geht's! Egal ob nach Feierabend oder als Teil des ausgedehnten Wandertags, in der Natur zu speisen ist kaum zu toppen! Guten Appetit!

DATUM:
WETTER:
SO WAR'S:

84. GEMEINSAM IN DEN KLETTERPARK

Klettern ist nicht nur eine super Idee fürs erste Date, sondern bietet sich auch später noch als tolle Paaraktivität an. Bei kaum einer Sportart erfahrt Ihr mehr über die Persönlichkeit Eures Gegenübers. Nimmt Euer Partner Herausforderungen an? Beisst er sich in schwierigen Situationen durch oder gibt er schnell auf? Motivieren ihn Misserfolge oder hemmen sie eher? Daneben macht Klettern zu zweit aber auch Riesenspass! Wer schafft die Route am schnellsten? Wer überwindet die tricky Stelle beim Bouldern? Wer traut sich im Seilpark vom 5 Meter Turm zu springen? Eine wunderbare Möglichkeit Euch gegenseitig anzuspornen, zu motivieren und duellieren!

DATUM:
WETTER:
SO WAR'S:

85. LEGO SPASS

LEGO ist und bleibt Spielzeug Nummer 1. Egal ob jung oder alt - LEGO packt alle. Holt Euch ein cooles LEGO Set und lasst eingestaubte Kindheitserinnerungen wiederaufleben. Egal ob anspruchsvolles LEGO Star Wars Bauset mit Schritt-für-Schritt Anleitung oder wahllose LEGO-Stein Mischung zum kreativ werden, geniesst gemeinsam einen Spielenachmittag. Dazu Eure Liebling- "Drei-???" CD und Euer Nach-mittag voller Nostalgie ist vollkommen.

DATUM:
WETTER:
SO WAR'S:

86. KEKSE BACKEN UND VERSCHENKEN

Weihnachten ist schon längst vorbei? Egal. Kekse lieben wir immer! Heute wird nämlich gebacken - und verschenkt! Sucht Euch ein oder mehr Keksrezept Eurer Wahl raus, springt in den nächsten Supermarkt und los geht's! Sind die Kekse erstmal abgekühlt, befüllt und verziert könnt Ihr Sie in süsse Geschenksäckchen oder Boxen einfüllen und verschenken. Wie wär's mit einer kleinen Geschenke-Spritztour im Quartier? Damit werdet Ihr Euren Nachbarn, Verwandten und Bekannten eine Riesenfreude machen.

DATUM:
WETTER:
STIMMUNG:

87. CAN'T SAY NO CHALLENGE

Ihr habt schon richtig verstanden! Heute kann Euer Partner zu nichts Nein sagen. Das könnt Ihr natürlich ganz toll ausnutzen und endlich die Dinge unternehmen, bei denen Euer Partner sonst nur augenverdrehend den Kopf schüttelt. Plant dafür zwei Tage ein, idealerweise Tage am Wochenende. So passt auch der Ausflug an die Automesse oder ins Fashion Outlet in den Zeitplan. Wichtige Regel: Die Entscheidungen die getroffen werden, dürfen nicht über den Tag hinausgehen; heisst, keine Heiratsanträge, Hauskäufe oder ähnliches.

DATUM:
WETTER:
SO WAR'S:

88. EIN LIEBESGEDICHT SCHREIBEN

Ein Gedicht! Wie romantisch! Für diese Aufgabe braucht Ihr beide etwas Zeit und Ruhe. Ein Gedicht zu schreiben fällt nicht allen gleich leicht. Es kann helfen, zuerst alle Dinge aufzuschreiben, die Ihr an Eurem Partner mögt. Aus diesem Netz an Ideen entsteht dann durch sinnvolle Umstrukturierung und kreatives Zusammenbasteln nach und nach eine richtige Strophe. Umso besser, wenn es Euch gelingt, dass sich das Gedicht reimt! Macht Euer Gedicht zu etwas ganz besonderem und schreibt es in Eurer Sonntagsschrift auf schönes Papier. Einen romantischeren Liebesbeweis gibts nicht!

DATUM:
WETTER:
SO WAR'S:

89. WAHRHEIT ODER PFLICHT?

Wer erinnert sich nicht gern an die gute alte Teenagerzeit zurück. Wahrheit oder Pflicht war - zumindest bei uns - das Partyspiel schlechthin! Lasst diese Zeiten wiederaufleben und setzt Euch zu einer Runde "Wahrheit oder Pflicht" hin. Abwechselnd entscheidet Ihr Euch für "Wahrheit" oder "Pflicht". Bei "Wahrheit" muss die betroffene Person die ihm gestellte Frage wahrheitsgetreu beantworten. Wird "Pflicht" gewählt, muss eine aufgetragene Aufgabe erfüllt werden. Regeln gibt es grundsätzlich keine; bleibt aber fair und stellt keine Fragen, die Ihr selbst auf keinen Fall beantworten wollen würdet; Dasselbe gilt natürlich auch für die Aufgaben. Viel Spass!

DATUM:
WETTER:
SO WAR'S:

90. 36 FRAGEN ZUM VERLIEBEN

2015 veröffentlichte die New York Times einen Artikel mit dem Titel "The 36 Questions That Lead to Love". Die dort aufgelisteten Fragen stammen aus einer Studie von Arthur Aron und Kollegen aus den 1980er Jahren welche untersuchte, ob das Gefühl von Intimität zwischen zwei fremden Personen durch spezifische und persönliche Fragen beschleunigt werden kann. Diese Fragen werdet auch Ihr nun beantworten (im Anhang des Buches zu finden). Klar, Ihr seid Euch einander nicht fremd, aber wer weiss, vielleicht findet Ihr dennoch etwas Neues über Euren Partner heraus. Schaden kann's bestimmt nicht. Der Fragebogen besteht aus drei Teilen. Folgt dabei der vorgegebenen Reihenfolge und stellt Euch abwechselnd eine Frage. Beide sollen die Frage beantworten. Plant dafür ungefähr 45 Minuten ein. Vergesst nicht, den Fragebogen zu evaluieren. Wie fühlt Ihr Euch nach dem Test? Hat der Test etwas mit Euch gemacht? Würdet Ihr den Test weiterempfehlen?

DATUM:
WETTER:
SO WAR'S:

91. THIS OR THAT

Was würdet Ihr sagen: Wie gut kennt Ihr Euch auf einer Skala von 1 bis 10?

Ihr werdet das nun gleich testen. Mit dem Spiel "This or That" lernt Ihr die Vorlieben Eures Gegenübers nämlich ganz schnell kennen und vielleicht auch etwas Neues über Euren Partner. Die Idee ist simpel: Ihr stellt Eurem Partner eine Entweder - Oder-Frage, z.B. «Ketchup oder Mayonnaise?» «Hunde oder Katzen?», die er dann zu beantworten hat. So macht Ihr weiter, bis Euch die Fragen ausgehen. Als kleiner Hint: Im Internet findet Ihr unzählige solche This-or-That Fragen. Einfach mal recherchieren.

DATUM:
WETTER:
SO WAR'S:

92. KÜNSTLERISCH TÄTIG WERDEN

Genauso wie das Musik machen, Kochen oder Dichten gehört auch das Malen und Zeichnen zweifellos zu den Formen der Kunst die der Seele guttun. Dabei ist es völlig egal, ob man darin gut ist oder nicht - das Wichtigste ist, es einfach zu tun. Malen ist unglaublich wohltuend – Entspannung für Körper und Geist; dass was heute oft zu kurz kommt. Nehmt Euch deshalb vor, etwas Künstlerisches zu schaffen. Egal ob mit Bleistift, Buntstiften oder Pinsel - Lasst Eurer Fantasie freien Lauf und seht was daraus entsteht.

DATUM:
WETTER:
SO WAR'S:

93. VERSTECKEN SPIELEN

Ich kommeee! Wer erinnert sich nicht an die guten alten Zeiten, als die einzige Sorge darin bestand, beim Verstecken spielen gefunden zu werden? Wir auch nicht. Nein, Spass, natürlich erinnern wir uns! Versucht heute alle Eure Sorgen wegzusperren und tobt Euch bei einer Runde Verstecken aus. Zu zweit machts nicht so viel Spass? Dann fragt doch die Kids auf dem Spielplatz ob Ihr mitmachen dürft! Oder ladet ein paar Eurer Freunde zum Spielenachmittag ein! Genauso wie früher...

DATUM:
WETTER:
SO WAR'S:

94. EIN FOTOALBUM GESTALTEN

Erinnerungen sind etwas Schönes - aber auch etwas sehr Zerbrechliches. Umso wichtiger ist es, Erlebnisse zeitnah festzuhalten. In einem Tagebuch, auf dem Handy oder einem Fotoalbum. Ein solches sollt Ihr heute gemeinsam gestalten. Besorgt Euch ein leeres Fotoalbum das Euch gefällt, druckt Fotos aus und lasst all die schönen gemeinsamen Erlebnisse wieder aufleben während Ihr sie im Fotoalbum festhält. Ergänzt Euer Werk mit ein paar netten Worten, wichtigen Daten und hübschen Verzierungen. Die Mühe lohnt sich!

DATUM:
WETTER:
SO WAR'S:

95. GLÜCKWUNSCHKARTEN BASTELN

Geburtstags-, Weihnachts- und Dankeskarten sind heutzutage ein rares Gut. Umso grösser ist die Freude, wenn neben den zig WhatsApp-Glückwünschen eine echte, handgeschriebene Karte auftaucht. Und wenn diese Karte nicht nur handgeschrieben, sondern auch noch selbst gebastelt ist, dann - das können wir Euch versprechen - wird die Freude überwältigend sein. Weil das Schenken einer selbstgebastelten Grusskarte mindestens so schön ist, wie das Erhalten einer solchen, werdet Ihr heute kreativ tätig werden und Glückwunschkarten basteln. Mit flotter Musik, dem nötigen Material und guter Laune werdet Ihr im Nu etliche Kunstwerke verschenken können. Lasst Euch dabei von Eurer Fantasie leiten oder auch im Netz inspirieren. Der Vielfalt sind keine Grenzen gesetzt!

DATUM:
WETTER:
SO WAR'S:

96. IN DIE WELT DER KINDER EINTAUCHEN

Lasst Euer inneres Kind heraus und lebt für einmal in der Unbefangenheit, Neugier und Kreativität Eures jungen Ichs. Die Treppe wird zum Berg, der Esstisch zum Unterstand und aus Kissen, Decken und Stühlen entsteht Eure Höhle. Wohnt heute in Eurem neuen kuscheligen zu Hause und erzählt Euch von heldenhaften Räubergeschichten, mutigen Kuscheltieren und anderen Kindheitserinnerungen.

DATUM:
WETTER:
SO WAR'S:

97. DIE KÜCHE TIEFENREINIGEN

Ums Putzen kommen wir alle nicht herum. Auch Ihr vermutlich nicht. Warum also eine so öde Aufgabe nicht mal als Challenge ansehen und eine coole Aktivität draus machen? Gemeinsam kann es nicht nur richtig Spass machen, sondern auch das Endergebnis ist tiefbefriedigend. Nichts verbindet Menschen stärker als gemeinsamer Erfolg! In diesem Sinne ran an die Putzlappen, fertig, los!

DATUM:
WETTER:
SO WAR'S:

98. EIN BEER TASTING VERANSTALTEN

Wusstet Ihr, dass Bier umweltschonender ist als Wein? Während bei der Herstellung von Wein ein Liter CO_2 anfällt wird bei der Bierproduktion nicht mal halb so viel CO_2 ausgestossen. Nicht umsonst schiessen neue Biermarken derzeit wie Pilze aus dem Boden - da kann man ganz schön schnell den Überblick verlieren. Einziger Ausweg: Testen! Organisiert ein paar verschiedene Biere, ladet Eure Freunde ein und los geht's mit der Blindverkostung! Mit Stift und Papier bewertet Ihr die Proben bevor Ihr letztlich Euren Bierkönig krönt. Viel Spass!

DATUM:
WETTER:
SO WAR'S:

99. LET'S GO TRAVEL THE WORLD

Lasst das Schicksal für Euch entscheiden! Sucht Euch eine Landeskarte oder eine Karte Eures Bundeslandes/ Kanton, schliesst die Augen und fährt mit dem Finger über die Karte bis Euer Partner Stopp sagt. Dort wo Du gelandet bist soll's hingehen. Nur der erste Versuch zählt! Auch ein kleiner unbekannter Ort kann grossen Spass bedeuten - es hängt ganz davon ab, was Ihr daraus macht.

DATUM:
WETTER:
SO WAR'S:

100. EIN GEWINNSPIEL VERANSTALTEN

Wer denkt sich nicht manchmal, dass das Leben so viel schöner wäre, wenn die eigenen Wünsche einfach in Erfüllung gehen würden? Dem soll heute Abhilfe geschafft werden. Schreibt alle Eure Wünsche auf einzelne Zettel. Euer Partner zieht nun einen solchen Zettel und wird Euch den Wunsch erfüllen. Eine wunderbare Art den Partner zu verwöhnen - und die Entscheidung, was an diesem Tag passieren soll wird ganz dem Glück überlassen.

DATUM:
WETTER:
SO WAR'S:

101. SUPERMARKT CHALLENGE

Auf die Plätze, fertig, los! Schnappt Euch beide einen Einkaufswagen, positioniert Euch an den Eingang, stellt den Timer auf 10 Minuten und los geht's! Innerhalb 10 Minuten sollt Ihr alle Lebensmittel für das Lieblingsessen Eures Partners zusammensammeln und bezahlen (Tiefkühlpizza zählt nicht!). Wer schafft Es zuerst aus dem Laden?

DATUM:
WETTER:
SO WAR'S:

102. GEMEINSAM ETWAS NEUES LERNEN

Ein gemeinsames Ziel zu haben das Euch antreibt kann enorm wertvoll sein für eine Beziehung. Lernt deshalb gemeinsam etwas Neues. Etwas wovon noch keiner von Euch eine Ahnung hat; sei es eine neue Sprache, eine neue Sportart, Kochen oder eine andere kreative Tätigkeit. Gemeinsam erste Meilensteine zu erreichen ist unglaublich befriedigend und schweisst Euch noch stärker zusammen.

DATUM:
WETTER:
SO WAR'S:

103. SEXTING

Etwas Dirty Talk gefällig? Bitteschön!

Eine unanständige Nachricht kann die sexuelle Energie ganz schön in Gang bringen. Falls Ihr nicht schon Profis im Metier seid, dann traut Euch an diese Aufgabe. Von nun an wird täglich gesexted. Schickt Euch über den Tag verteilt heisse Nachrichten zu - Aber Achtung: Seid nicht zu explizit, sondern überlasst gerade noch genug der Fantasie Eures Partners. Kleiner Tipp: Emojis können dabei Eure besten Freunde werden.

Wichtig: Stresst Euren Partner nicht, sondern wählt den richtigen Zeitpunkt. Ausserdem, Nacktfotos und Selfies nur, wenn Ihr Euch wohlfühlt!

DATUM:
WETTER:
SO WAR'S:

104. EINE GEMEINSAME PLAYLIST ERSTELLEN

Bestimmt gibt es Songs die Euch verbinden - Songs die Euch an eine vergangene Reise erinnern, Lieder die Ihr bei Eurem kennenlernen gehört habt oder Melodien die Euch beide einfach in gute Stimmung bringen. Sammelt diese Lieder in einer gemeinsamen Playlist! Spotify macht es Euch da einfach (z.B. *duolovesongs.byspotify.com*).

Ihr habt schon eine gemeinsame Playlist? Super! Dann könnt Ihr Euch entspannen - Kuschelt Euch zusammen aufs Sofa - and Play!

DATUM:
WETTER:
SO WAR'S:

105. PUSH UP CHALLENGE

Wenn Euer Wettkampfgeist bis jetzt noch nicht geweckt ist, dann wird er es spätestens jetzt!

Setzt eine Zeitspanne fest über die Ihr die Challenge durchführen wollt. Idealerweise sucht Ihr Euch eine Übung, bei der Ihr beide auf ungefähr demselben Level seid. Aber auch wenn das nicht so ist, kein Problem. Ihr zählt nämlich nicht die Ausführungen der Übung, sondern den Fortschritt. Wichtig: Ihr trainiert gemeinsam. Spornt Euch an, motiviert Euch und belohnt Euch mit schweissüberströmten Umarmungen! Herrlich!

Eine Alternative zur Übung ist, dass Ihr beide eine Zeitspanne und ein Ziel festlegt. Wer sein Ziel nach Ablauf der Zeit nicht erreicht hat, verliert. Der Gewinner darf sich was (nicht materielles) wünschen.

DATUM:
WETTER:
SO WAR'S:

106. SPAREN, SPAREN, SPAREN

Egal ob knapp bei Kasse oder flüssig. Sparen macht Spass - besonders wenn es Konkurrenz gibt.
Versucht für eine Woche lang so viele Ausgaben im Alltag einzusparen wie möglich. Das gemeinsame Abendessen wird natürlich ausgeklammert. Wer am Ende der Woche am meisten Geld sparen konnte, gewinnt.
Wichtig: Kassenzettel aufbewahren!
Eine andere Möglichkeit: Legt für jede Woche einen Monat lang ein Budget für eine bestimmte Kategorie (z.B. Lebensmittel, Transport, Freizeit) fest, welches Ihr einhalten müsst. Alles Geld, das am Ende der Woche übrigbleibt, kann für das nächste Date verwendet werden. Legt beispielsweise in der ersten Woche ein Budget von 60 Euro für Lebensmittel fest. Versucht, mit diesem Betrag gesund und sparsam zu leben. Diese Herausforderung erfordert ein gutes Mass an Planung und Kommunikation und ist eine tolle Möglichkeit zu lernen gemeinsam mit Geld umzugehen.

DATUM:
WETTER:
SO WAR'S:

107. DRACHEN STEIGEN LASSEN

Der Herbst ist nicht nur ideal für ausgedehnte Spaziergänge im Wald, sondern auch bekannt für seine Drachensteigqualitäten. Warum also nicht mal wieder einen Drachen in die Lüfte schicken? Lasst Eure Drachen um die Wette fliegen - wer seinen Drachen am längsten in der Luft halten kann, gewinnt!

DATUM:
WETTER:
SO WAR'S:

108. FLÜSTER CHALLENGE

Lippenlesen? Kein Problem!
Diese Challenge hat sich auf YouTube wie ein Lauffeuer verbreitet. Die Idee: Ihr setzt Euch gegenüber voneinander hin. Einer von Euch beginnt nun etwas zu erzählen - flüsternd! Der andere hat die Aufgabe zu erraten, was da geflüstert wurde. Der Clue der Sache: Die Person die rät, trägt Kopfhörer. Ihr seid voll im Schuss? Dann bringt Euren Partner doch mit ein paar heissen Worten zum Erröten.

DATUM:
WETTER:
SO WAR'S:

109. SIAMESISCHE ZWILLINGE

Teamwork makes the Dream work! Oder doch nicht? Bei diesem Spiel ist Eure Team- oder viel mehr Eure Koordinationsfähigkeit gefragt. Für die Challenge benötigt Ihr ein übergrosses Shirt, in das Ihr gemeinsam hineinpasst. Dann geht's los! Fordert Euch heraus mit Sportübungen wie Hampelmänner, Liegestützen oder Kniebeugen, aber auch mit alltäglichen Dingen wie Kochen, Wäsche zusammenlegen, ein Instrument spielen und so weiter. Den Ideen sind keine Grenzen gesetzt.

DATUM:
WETTER:
SO WAR'S:

110. EINEN PERSÖNLICHKEITSTEST MACHEN

Wir sind doch alle irgendwo ein bisschen besessen von Persönlichkeitstests - und das aus gutem Grund. Sie geben, ähnlich wie Horoskope und die Astrologie im Allgemeinen, den Menschen nicht nur etwas, woran sie selbst glauben können, sondern auch einen Einblick, warum andere so handeln, wie sie es eben tun. Ganz schön aufregend, oder?

Persönlichkeitstests können natürlich für die persönliche Entwicklung genutzt werden und um mehr darüber zu erfahren, warum man so funktioniert, wie man es eben tut, aber sie können auch in der Partnerschaft eingesetzt werden um beispielsweise herauszufinden, ob man tatsächlich zu «Mr. Kennt-den-Unterschied-zwischen-dass-und-das-nicht-aber-ist-ganz-schön-hot» passt. Das trifft natürlich nicht auf Euch zu – Ihr seid ja bereits ein Paar; trotzdem ist es spannend herauszufinden, ob Ihr auch laut dem Persönlichkeitstest kompatibel seid!

Googelt *www.16personalities.com* und macht den Test!

DATUM:
WETTER:
SO WAR'S:

111. TRY NOT TO LAUGH CHALLENGE

Wer kennt sie nicht! Egal ob schon 100-mal erprobt oder gerade erst kennengelernt: Diese Challenge darf gerne als fester Bestandteil in den Alltag eingebaut werden. Die Idee hinter dem Spiel ist simpel. Sucht Euch eines der lustigen "Try-not-to-laugh"-Videos auf YouTube, das Ihr beide noch nie gesehen haben und legt los. Wer sich das Lachen am längsten verkneifen kann, gewinnt. Der Verlierer macht den Abwasch.

DATUM:
WETTER:
SO WAR'S:

112. EINE GEMEINSAME BUCKET LIST SCHREIBEN

Wir hoffen, dieses Buch hat Euch dazu inspiriert eigene Challenges, Ziele und Aktivitäten zu sammeln. Nun ist es an der Zeit, dass Ihr diese selbstständig weiterführt. Haltet Eure Ideen und Pläne für Eure Beziehung in einer eigenen Bucket List fest. Damit der Start leichter fällt, findet Ihr im Anschluss an diese Seite ein paar unbeschriftete Seiten, in der Ihr einige Eurer Ziele festhalten könnt. Viel Erfolg und alles Gute!

DATUM:
WETTER:
SO WAR'S:

BEZIEHUNGS-BUCKET-LIST

36 FRAGEN ZUM VERLIEBEN
VGL. AUFGABE 90

TEIL 1

1. Wenn du dir eine Person auf der Welt aussuchen könntest: Wen hättest du gerne als Gast zum Abendessen?

2. Wärst du gerne berühmt? Auf welche Art?

3. Hast du jemals einstudiert, was du am Telefon sagen willst, bevor du jemanden angerufen hast? Warum?

4. Wie würdest du einen perfekten Tag beschreiben?

5. Wann hast du das letzte Mal für dich gesungen? Für jemand anderen?

6. Wenn du 90 Jahre alt werden könntest und du ab dem 30. Lebensjahr entweder den Körper oder den Geist eines 30-Jährigen für die restlichen 60 Jahre behalten könntest, was würdest du wählen?

7. Hast du eine geheime Vorahnung davon, wie du sterben wirst?

8. Nenne drei Dinge, die du und dein Gegenüber offenbar gemeinsam haben.

9. Für welchen Aspekt deines Lebens bist du am dankbarsten?

10. Wenn du irgendetwas an der Art ändern könntest, wie du aufgezogen wurdest, was wäre das?

11. Nimm dir vier Minuten, um deinem Partner so viel von deiner Lebensgeschichte zu erzählen, wie möglich.

12. Wenn du morgen aufwachen könntest und eine Fähigkeit oder Qualität aussuchen könntest, die du hinzugewonnen hast, welche wäre das?

TEIL 2

13. Wenn eine Kristallkugel dir die Wahrheit über dich, dein Leben, die Zukunft oder irgendetwas anderes verraten könnte, was würdest du wissen wollen?

14. Gibt es etwas, von dem du schon sehr lange träumst? Warum hast du es noch nicht getan?

15. Was ist die grösste Leistung deines Lebens?

16. Was schätzt du an einer Freundschaft am meisten?

17. Was ist deine wertvollste Erinnerung?

18. Was ist deine schlimmste Erinnerung?

19. Wenn du wüsstest, dass du in einem Jahr plötzlich sterben wirst, würdest du irgendetwas an der Art ändern, wie du jetzt lebst? Warum?

20. Was bedeutet Freundschaft für dich?

21. Welche Rolle spielen Liebe und Zuneigung in deinem Leben?

22. Erzählt euch abwechselnd, welche positiven Eigenschaften euer Gegenüber hat. Nennt insgesamt fünf Charakterzüge.

23. Wie nahe steht sich deine Familie? Hast du das Gefühl, deine Kindheit war glücklicher als die der meisten anderen Menschen?

24. Wie ist die Beziehung zu deiner Mutter?

TEIL 3

25. Macht drei wahre «Wir»-Aussagen über euch. Zum Beispiel «Wir sind gerade in diesem Raum und fühlen uns...»

26. Vervollständige diesen Satz: «Ich wünschte, ich hätte jemanden, dem ich erzählen könnte, dass...»

27. Wenn dein Gegenüber ein enger Freund von dir werden würde, was müsste er über dich wissen?

28. Sag deinem Gegenüber, was du an ihm magst. Sei ehrlich und sagt auch Dinge, die du normalerweise nicht zu jemandem sagen würdest, den du gerade kennengelernt hast.

29. Teile einen peinlichen Moment aus deinem Leben mit deinem Gegenüber.

30. Wann hast du das letzte Mal vor einem anderen Menschen geweint? Wann hast du das letzte Mal alleine geweint?

31. Erzähle deinem Gegenüber, was du an ihm magst.

32. Was - wenn es überhaupt etwas gibt - ist zu ernst, um Witze darüber zu machen?

33. Wenn du heute Abend sterben würdest, ohne die Möglichkeit, mit irgend-jemandem zu sprechen, Was würdest du am meisten bereuen, jemandem nicht gesagt zu haben? Warum hast du es demjenigen noch nicht gesagt?

34. Dein Haus, in dem sich alles befindet, was du besitzt, steht in Flammen. Nachdem du deine Familie und Haustiere gerettet hast, reicht die Zeit noch aus, um eine Sache aus dem Haus zu retten. Was wäre das? Warum?

35. Von allen Menschen in deiner Familie - wessen Tod würde dich am meisten mitnehmen?

36. Teile ein persönliches Problem mit deinem Partner und frage ihn, wie er es lösen würde. Frage deinen Partner auch nach seiner Einschätzung, wie du dich mit dem Problem fühlst.

UNSERE
BUCKET-LIST
AUF EINEN BLICK!

- [ ] Das 1. Date wiederholen
- [ ] Sich in einer Bar treffen
- [ ] Gemeinsames Do-It-Yourself Projekt
- [ ] Picknicken gehen
- [ ] Eine neue Stadt erkunden
- [ ] Freeze Dance Challenge
- [ ] Der Boden ist Lava
- [ ] Ein Vier Gänge Menü kochen
- [ ] Staring Contest
- [ ] Einen Liebesbrief schreiben
- [ ] Der perfekte Kuscheltag
- [ ] Ein gemeinsames Schaumbad nehmen
- [ ] Finish the Lyric
- [ ] Sex Date
- [ ] Einen Roadtrip machen
- [ ] Komplimente, Komplimente, Komplimente
- [ ] In der Öffentlichkeit wild herumknutschen
- [ ] Gemeinsam in Erinnerungen schwelgen
- [ ] Einen Spieleabend veranstalten
- [ ] Den Sonnenuntergang geniessen
- [ ] Einen Relax- und Spa-Day einplanen
- [ ] Strip me Baby!
- [ ] Sunday Walks and Coffee Talks
- [ ] Einkaufsbummel in der Stadt
- [ ] Let's Dance!
- [ ] Keine Kompromisse
- [ ] Zusammen etwas Exotisches kochen
- [ ] Gemeinsam Sport machen
- [ ] Einen Gleitschirm Schnupperkurs buchen – und machen!
- [ ] Ein Besuch im Zoo
- [ ] Menschen im Einkaufszentrum beobachten
- [ ] Das Hobby des anderen ausprobieren
- [ ] Sightseeingtour in der Heimatstadt
- [ ] Ideen für Weihnachts- und Geburtstagsgeschenke sammeln

- ☐ Couple's Retreat
- ☐ Zusammen in den Wald gehen
- ☐ Den nächsten gemeinsamen Urlaub planen
- ☐ Klingelstreich spielen
- ☐ Auf der Autobahnbrücke den Fahrern zuwinken
- ☐ Einen Nachtspaziergang machen
- ☐ Eine Party zu zweit veranstalten
- ☐ Partner-Yoga machen
- ☐ Den Partner bei der Arbeit abholen
- ☐ Auf dem Balkon oder im Garten zelten
- ☐ Eine neue Sprache lernen
- ☐ Einen Workshop besuchen
- ☐ Auf den Spielplatz gehen
- ☐ Das Traumauto mieten
- ☐ Im Sommerregen tanzen
- ☐ Eine Fahrradtour unternehmen
- ☐ Eine unendliche Geschichte erzählen
- ☐ Ins All-You-Can-Eat Restaurant gehen
- ☐ Einen Tag im schwedischen Möbelhaus verbringen
- ☐ Im Fotoautomaten Fotos schiessen
- ☐ Einen Flohmarkt besuchen
- ☐ Ein Puzzle machen
- ☐ Wasser marsch!
- ☐ Sich über Sexfantasien austauschen - und ausprobieren
- ☐ Eine Torte backen
- ☐ Wandern gehen
- ☐ Body Painting
- ☐ Ein Fotoshooting veranstalten
- ☐ Zusammen auf Schatzsuche gehen
- ☐ Die Initialen in einen Baum ritzen
- ☐ Einen Kostümverleih besuchen und witzige Sachen anprobieren
- ☐ Sich gegenseitig portraitieren
- ☐ Ein Museum besuchen
- ☐ Einen Song zusammen schreiben
- ☐ Sushi selber machen
- ☐ Die Wohnung umdekorieren
- ☐ Den Nachthimmel beobachten
- ☐ Eine Überraschung für den anderen planen
- ☐ Über potenzielle Kindernamen sprechen
- ☐ Sich gegenseitig neu einkleiden
- ☐ Freunde zum Dinner einladen

- [ ] Nackt schwimmen gehen
- [ ] Einkaufsbummel im Sex Shop
- [ ] Sich ehrenamtlich engagieren
- [ ] Kleidertausch
- [ ] Fallschirmspringen
- [ ] Die Wohnung ausmisten
- [ ] Gemeinsam etwas pflanzen
- [ ] In der Natur grillen
- [ ] Gemeinsam in den Kletterpark
- [ ] Lego Spass
- [ ] Kekse backen und verschenken
- [ ] Can't Say No Challenge
- [ ] Ein Liebesgedicht schreiben
- [ ] Wahrheit oder Pflicht?
- [ ] 36 Fragen zum verlieben
- [ ] This or That?
- [ ] Künstlerisch tätig werden
- [ ] Verstecken spielen
- [ ] Ein Fotoalbum gestalten
- [ ] Glückwunschkarten basteln
- [ ] In die Welt der Kinder eintauchen
- [ ] Die Küche tiefenreinigen
- [ ] Ein Beer Tasting veranstalten
- [ ] Let's Go Travel the World
- [ ] Ein Gewinnspiel veranstalten
- [ ] Supermarkt Challenge
- [ ] Gemeinsam etwas Neues Lernen
- [ ] Sexting
- [ ] Eine gemeinsame Playlist erstellen
- [ ] Push up Challenge
- [ ] Sparen, Sparen, Sparen
- [ ] Drachen steigen lassen
- [ ] Flüster Challenge
- [ ] Siamesische Zwillinge
- [ ] Einen Persönlichkeitstest machen
- [ ] Try Not To Laugh Challenge
- [ ] Eine gemeinsame Bucket List schreiben

ALLES GUTE FÜR
EURE ZUKUNFT!